.

SUSSURRI

Una bolla d'aria affogata nell'acqua,
questo mi piacerebbe essere,
in fluttuante ascesa verso
il mondo dei sogni,
verso la libertà.
È inutile provare a fermarla,
è inutile provare ad imprigionarla,
è inutile provare a tenerla schiacciata sul fondo.
Qualsiasi crudeltà può farla esplodere in mille bollicine,
ma la bolla si riforma sempre, sempre più forte.
Al tempo stesso così indistruttibile e così fragile,
così diversa e così amalgamata nell'universo in cui vive,
sempre con il sorriso sulle labbra sapendo che,
alla fine, realizzerà il suo sogno, troverà la felicità.
Una bolla d'aria affogata nell'acqua
questo mi piacerebbe essere,
e forse un po' lo sono.

ANDREA PARISOTTO

INDICE

PREFAZIONE a cura di Bianca Maria Egidi

Da tempo ci si interroga se oggi abbia ancora significato scrivere e leggere poesie. In una società dove ormai l'unico metro di valutazione di un uomo è la ricchezza del suo patrimonio, quale eco può avere il parlare di sentimenti intimi, di malesseri o esaltazioni legate a qualcosa di estemporaneo e fugace? Eppure "la poesia è l'unica assicurazione disponibile contro la volgarità del cuore umano" dice Joseph Brodskij.

Andrea è un fisico e apparentemente la Fisica e la Poesia sono un ossimoro. La Fisica vuole spiegare il mondo, vuole dare risposte chiare, razionali e universali di fenomeni che in esso si manifestano. Il mondo della Poesia parla di amore, di morte, di natura della condizione umana e dell'esperienza biografica dell'autore La Fisica si esprime attraverso leggi che devono valere per tutti e dappertutto.

La poesia coglie l'attimo e lo rende universale tutti noi. Fisica e Poesia vogliono tutte e due dare risposte alle domande del mondo.

Le parole di Andrea sono talvolta nuove, talvolta scolpite, talvolta antiche perché eco di una vita vissuta con consapevolezza e leggerezza.

La sua poesia è condivisione come la musica. Il musicista e poeta Massimo Budoia dice che "la poesia e la musica si sono sempre date la mano come due Muse, due sorelle che scendono nel mondo per avvolgerlo di bellezza, per cantarlo e consolarlo". Nelle poesie di Andrea c'è una dimensione musicale, un'armonia risultato dell'unione tra la componente fonica e quella semantica delle parole considerazione che ci fa dire con Calvino: "la poesia e l'arte di far entrare il mare in un bicchiere".

Grazie Andrea di aver condiviso con noi i tuoi sussurri.

INTRODUZIONE

Quando la vita processionalmente ed inesorabilmente accompagna il tuo IO al cimitero, quando pensi che nulla possa impedire al male di impossessarsi di tutto te stesso e incatenarti in una depressione senza luce, il tuo IO rimane per qualche istante senza speranza.

In silenzio.

Solo in quell'attimo il tuo IO può sentire, con reale chiarezza, il cuore, il cervello e l'anima amarsi e odiarsi l'un l'altro in un vorticoso e caotico frastuono di emozioni e parole.

Solo in quel momento comprendi che quel pallido ed insignificante eco che il tuo IO normalmente sente non è altro che la tua vita che ti parla.

Sotto forma di SUSSURRI...

TRAGEDIA

Limbo...

Accordi stonati di verità,
morsi annientanti di infelicità.
Cappi di autodistruzione
soffocano la mia inutilità.
Inutili dolorosi pensieri
uccidono, massacrano la gioia.
La noia depressiva annebbia
il bisogno di libertà assoluta.
Scheletri di fallimento
sgozzano ogni bara di speranza.

...limbo.

MARGHERITA

I fiori notturni
irradiano le corolle
di petali profumati
al dolce sussurro
della rugiada mattutina.
Rivoli di luce solare
dipingono i petali
coi colori dell'arcobaleno.
Una flebile brezza
scompiglia delicatamente
i teneri figli della
vitale primavera.
Cinguettii d'amore
riecheggiano nel mio cuore,
risuona un dolcissimo
eco di bellezza
nell'universo di stelle:
Margherita.

LIBERTÀ

Solchi traboccanti di sangue
inondano il mio cuore.
Piogge acide di dolore
picchiano sulle atroci ferite.

No...
No...
No...

Le sbarre di noia,
di putrida perfezione,
non oblieranno mai
il mio amore.
Nessuna realtà potrà...

Mai.
Mai.
Mai...

...razionalizzare

il fuoco irreale
che scintilla per te.

Sogni.
Sogni d'amore.
Sogni di te, mio amore.

Sogni di te.
Sogni.
Incubi e sogni,
amori e realtà,
sgorgano dal magma
informe della mia vita:

Te.

SOLITUDINE

Non ho più forza per lottare ancora.
Non ho più sogni per sperare ancora.
Non ho più dolore per morire ancora.
Non ho più noia per piangere ancora.

Solo un abisso nel quale affogare,
solo una vita amorfa da scalare,
solo un me stesso incapace di amare,
Solo, un vuoto...

SPECCHI

In una mattina di pioggia
al tranquillo tavolo solitario
un riflesso di specchio specchiato
tra le note di Sultans Of Swing.

Osservo il fumo triste e libero
abbandonare le tue labbra, e
cerco per un randomico attimo
un incrocio di sguardi eterno.

È solo un brulichio di emozioni
in una giornata d'inverno,
è solo un piccolo sogno dolce
tra i sorsi di un cappuccino.

E io adoro sognare...

SILENZIO

Silenzio, silenzio, silenzio!
Grugniti di vita,
rumori incessanti,
silenzio, silenzio, silenzio!
Annientate
la vostra lugubre voce,
annientate
la superbia che vi circonda,
annientate...
Lontano, lontano, vicino,
più vicino di quanto sia lontano,
un sospiro sgozzato,
un alito di vera morte
si avvicina, lontano, lontano,
lontano.
Tremate
figli della menzogna,
tremate
cristalli di ragione
conficcati, conficcati...
tremate...

un eco, eco, eco
di...
È già qui,
lontano, vicino.
Silenzio, silenzio, silenzio!
Inutili creature morte impiccate,
impiccate sui figli della terra
non disturbate oltre
la mia mente,
la mia mente,
mente...
Menzogne,
rumorose menzogne,
neri quadri di realtà,
pillole acide di felicità.
Sta arrivando...
Presto fermatelo,
è qui, non è qui...
Lo sento, io si, io no,
non udite il suo respiro?
Silenzio, silenzio, silenzio!
La clessidra, la clessidra,
presto, presto, accorrete.

È vuota...

È vuota...

È vuota...

Le lacrime del tempo, tempo, tempo...

Perché morte,

perché lasci i non vivi

a fare rumore:

silenzio, silenzio, silenzio!

Dov'è, dov'è,

dove siamo, aiuto.

Sono, sono, sono.

Sento la sua voce,

sento i suoi passi,

sento che ruggisce infame

dentro il mio cuore.

Cos'è, chi è...

Il pugnale, il pugnale,

presto, presto, accorrete.

È morto...

È morto...

È morto...

L'umanità intera immersa

nell'apatico rossore del proprio

sangue, sangue, sangue.

Ma.
Ma.
Ma morti,
ma non morti,
ma non abbastanza.
Il vessillo di paura
si scorge sempre ancora,
sempre più vicino, lontano!
Un urlo, due urli, tre urli...
Silenzio, silenzio, silenzio!
Annientate,
rosicchiate sino al nulla
la vostra vita,
la vostra ragione,
la vostra parvenza.
Autoannientazione.
Autoputrefazione.
L'hanno uccisa, si,
l'hanno uccisa.
No.
Si.
L'hanno uccisa.

Morta la morte
i morti muoiono
e massacrano la morte
rimorendo nella vita.
Finalmente
tutto è morte,
tutto tace.
Universo di falsità,
la realtà irreale
è affogata nel sangue
della morte, morte, morta.
Silenzio...
Libertà...
Nessun sussurro di dolore
annienta la mia vita...
La mia vita non c'è più.

CUORE

Pioggia incandescente
affonda gelide torture
al cuore tremulo.

Violenta tormenta di sogni
spranga, strozza, annoia
un'oasi deserta d'amore.

Ora abbagliato da
una miniera di diamanti,
dalla tua bellezza,
annaspare amaramente
nella pozzanghera
dell'inettitudine.

LACRIME

La luna sonnecchia pallida
in un oceano di tristezza.
Onde di paura disprezzano
una megera verità gelida
contro scogli di lontananza.
Catene di sabbia triste
suicidano ogni pazzia.
Lacrime di stelle ritmano
la macabra morte del mio cuore.
Depressione d'amore
aurora di felicità.

TEATRO

Disprezzo abissale
tra ideale e reale,
crepa inguarita,
flutti cinerei di nulla,
subbugli di tristezze,
distorsione teatrale
dell'inutile normale.

POETI

Arcaica simbiosi umana:
mummificate verità
deprimono la noia
dell'asfissiante felicità.
Affinità oniriche tristi
torturano, oscurano
noi povere stille di luce
che accecano la notte,
noi povere foglie dorate
che combattono la caducità,
noi povere gocce di verità
che affogano il disprezzo.
Noi folli amanti della pace esiliata,
noi artisti dell'oscurità,
noi profeti del macabro
gioire festoso dell'amore nella vita innocente.
Noi falchi paurosi
alla spettrale ricerca
dell'oltre felicità
in un abisso di lacrime:
tutto è arte.

INVERNO

Paesaggio di nebbia e gelo,
gli alberi morti innalzano
le loro secche braccia al cielo.
Un cielo lontano e malato
schiaccia ogni misera vita.
Nel gelido freddo invernale
esala l'ultimo soffio il vento,
foriero di distruzione e di tristezza.
Il mio cuore
batte sempre più piano,
sempre più esile, più silenzioso,
lentamente si spegne e muore.

BRUSIO

Brusio di emozioni,
sogni che muoiono,
sogni che nascono.

Il mio cuore si rivolta
nella tomba dei tuoi no.
La vita piange la morte
degli scheletri consunti.
Tempesta di spine
nella rosa iridata di te.

Brusio di emozioni,
amori che piangono,
amori che ridono.

PETALI

Questo fiore ardente
pone le radici
sul tuo cuore.
Lascia che lo colga...

CRISI

Crisi,
crisi d'astinenza,
crisi...

Mai più affogherò
nelle tue lacrime di luna,
mai più
placherò
la mia sete d'amore
alla sorgente di rose.
Mai più...

Crisi,
crisi d'astinenza,
assenza di te.

A UN AZZURRO CIELO D'OTTOBRE ALL'ALBA

Sognavo segretamente di scriverti,
accartocciati, arruffati arrangiamenti
di paradisiache parole poetiche
per sussurrati un dolcissimo: sei bella.

ATTESA

...

inutili pensieri
intasano la mia mente.

...

rumore di parole
fracassa il mio pensiero.

...

singhiozzi di realtà
sussultano nel cuore.

...

un mondo rapace blocca l'ascensore
della fantasia

...

SENZA TE

Una malinconia senza fiato:
un grumo stagnante di lacrime
galleggia ribollente e malvagio
nel rigor mortis del mio amore...

Una dura e inalienabile diga
soffoca il gorgogliante ruscello
strozzandolo ansimante e afono
in un lago amaro di rimpianti...

Con il cuore in vacua apnea
i sogni si sporcano di realtà,
in un ritorno eterno del male,
in una malinconia senza fiato...

DEA

Dall'amore di una carezza rivelatrice,
un lieve scricchiolio di imperfezione,
nasce in una statua di greca bellezza.

Un pertugio nella spelonca del suo cuore
da cui una goccia insanguinata di male,
rattrista i suoi lucenti occhi incantati.

E un timido eroe solitario e coraggioso,
con in mano una smorta torcia silenziosa,
vaga armato della spada chiamata "speranza".

PACE

Un'infinita melodia di brividi limpidi
in un fiume di sassi dolci e assolati,
mentre l'acqua dipinge nell'ombra di pietra
pennellate magiche di luce scherzosa,
il mio cuore timido si inebria delicatamente
di schizzi eterni di purezza e libertà.

MEZZA NOTTE

Timidi versi arruffati dal vento
in un chiaro scuro tremante di passi
scrosciano, lampi bianchi d'acqua schiumosa,
in un clin clan ferroso e afono d'amore.
Tramontando in un buio di stelle gelide,
affogo nell'ombra più oscura tra le sabbie
e piango e penso, e rido e sogno
e forse...
e sogno e rido, e penso e piango
e forse un po'...
e rido e piango, e penso e sogno
e forse un po' muoio.

POLIEDRICA MONOCROMIA

L'arancione è il colore dei sogni:
troppo poco giallo per essere luce,
troppo poco rosso per essere vivo,
troppo shock per essere dimenticato.

Una lacrima sola di speranza
solletica la stoffa colorata:
"i sogni non si avverano mai!"

Ancora allora non ti conoscevo,
vera e fragile speranza arancione.
Mia poliedrica monocromia.

SCARABOCCHI D'AMORE

Impronte danzanti di piedi nudi
sulla spiaggia accarezzata dal mare
svaniscono felici in un bacio
nell'acqua salata dipinta di luna.

Dolci sogni confusi di timidezze
danzano con me sulla sabbia argentata,
mentre un respiro serale di brezza
solletica il cuore innamorato.

Tra liete ansie che sospirano pace,
passioni caste travestite d'amore,
sorrido ad una stella ammiccante
abbracciando l'eco della tua voce.

Parole nel buio di un pontile,
in una notte di giovane estate,
scompigliate dalla cara frenesia
del desiderio di dirti: io ti amo!

SGUARDO DA UN OBLÒ VITRUVIANO

Mentre sbircio timido ed emozionato,
un sogno frastagliato a veneziana,
mi coglie una tenera ispirazione
invaghita di parole e di speranze.

Cascate di girasoli sorridenti,
mazzetti di vere primule amiche,
rari tulipani ebbri di passione
e una dolce orchidea da coccolare.

Sei tu, color desiderio di felicità
sfumato di una bellezza delicata,
screziata di vita e brillante d'idee,
la carezza primaverile nel mio cuore.

Sei tu, normale, unica e semplice,
tu, preziosa come un'anima di stella
l'originale reale fantasia cara,
sei il fiore che fa sbocciare l'amore.

COCCINELLA

Sbattuto e accartocciato,
ammaccato e dimenticato,
piango, piango e piango,
orfano di un tiranno dolce.

Soffici spighe pungenti
si incurvano tristi e secche
scioccamente solleticate
da sparuti buffetti di vento.

Primo piano di un vuoto
di nuvole, carezze ed emozioni,
di crudeli speranze bruciate
dal sole, da me e dalla vita.

Balletti di farfalle affrescate,
un gracidare borbottato,
i Queen, le cicale e un trattore,
questo ricorderò di oggi.

Ogni libellula spensierata

brama il suo stagno marcescente,
io, intanto, ci sguazzo straniero,
camuffato da coccinella.

PRIMAVERA

Incagliato tra appuntite speranze,
beccheggio prigioniero dell'emozione.
Scombussolato da estranee certezze,
boccheggio dosi di gioia cretina.

Aggrovigliato nell'autostima,
egocentrica, dolce e cattiva,
sperpero clessidre di tempo morto.

Accusato di autoinfelicità,
abbozzo un'arringa senza rimorsi,
traditore dei miei giorni futuri,
reo di una serenità diabolica.

È adesso l'attimo per sbocciare
ribelle, innamorato e vivo,
fragile autodidatta dell'amore.

LUCIDO, AMARO E DISINTOSSICATO

Scottato e scongelato,
sviato e svalorizzato...

Sbrinato e sbriciolato,
spadellato e sparpagliato...

Scartato e scarognato,
sbeffeggiato e sbarazzato...

Schiantato e schiavizzato,
stralunato e strapazzato...

Sedato e seviziato,
sfatto e sfamiliarizzato...

Scopato e scoccolato,
stremato e stregato da te:

Amore mio...

GRAMI DIES

Gravidi tempi aggravati
da grigi grumi di grana gratis,
grevi di avidi aggrappati,
di ingrigiti grossi banchieri,
raggrinziti, gretti e grassi,
di grattatori di croste grame.

Graffiti graffianti di un'era
di regretti grugniti gridati,
in cui digrigniamo sorrisi
e raggrumiamo l'elemosina
mentre sgravano, sgretolano,
segregano il nostro futuro...

MAGIA D'OTTOBRE

Volteggi sbarazzina e sorridi spensierata
abbracciata ad autunnali scoppi di sole,
mentre respiri passioni e profumi di sogni
corteggiata da fiocchi di fuoco ed oro.
Ho rubato questa briciola di emozione
che luccicava nei tuoi occhi studiosi
tra i riflessi castagni di una carezza.

PROMESSA

Impacchi di paprica allegra
sull'autostima ulcerata,
pestati di menta sincera
sull'egoismo divorante,
trapianti d'edera altruista
sul rossore esiliante,
gavettoni d'olio amaro
sull'invidia rancorosa.
Niente di nulla e nient'altro
di questo posso promettere.
Tutto del necessario e poco
dell'altro non posso donarti.
Ma un amore sciocco, sincero,
ingenuo e testardo, quello sì!

OH OHHHH

OH YEAH

HI HI

OPSS

OH YEAH

SMILE

Ammiccamenti sbirciati (oh, oooh)
tra brbrividi di timidezza,
e sorrisi emozionati, (oh yeah)
tra blues, graffite e inchiostro...

Fruttate esitazioni (hi hi)
tra rullanti sensazioni (oh yeah)
e un neonato segreto (opss)
tra noi e un'aula studio...

:)

CONCLUSIONE

... e mentre il mio cuore e il mio cervello
si giocano a scacchi quel che rimane della mia vita,
la mia anima giace, inanimata e straniera
in attesa della felicità che verrà a risvegliarla.

Spero e prego ...